U0789341

齊乘 卷三

齊乘 卷三

齊乘卷之三

益都于欽思容纂

郡邑

禹貢別州以山川定經界後世地理家宗之漢志主于郡國凡山川事蹟附于州縣之內世史宗之齊乘者地理之書也其于山川則法禹貢導之而未盡者依史例亦附見于郡邑之下云

益都路○禹貢青徐二州之域春秋戰國之齊及魯東楚北之境秦齊郡琅邪之地漢初子肥王齊有七十二城都于臨淄後置青州刺史領郡國有九此爲齊郡北海千乘及徐之琅邪東海郡地武帝封子閎爲

齊王策曰嗚呼小子閎受兹青社蓋古者以太社五色土隨方封國使立社故齊有青社之稱後漢魏晋又爲齊國樂安高密城陽郡地而青州刺史竝理臨淄永嘉之亂刺史苟晞棄青州漢將曹嶷據之以臨淄平夷難以禦敵乃於堯山南築廣固城以居降于東晋尋爲石勒所陷後爲段龕所據自稱齊王慕容恪滅趙克青州苻堅幷燕盡有齊地堅敗苻朗以州降晋改置幽州以辟閭渾爲刺史鎮廣固隆安四年爲慕容德所陷德都廣固稱南燕至子超爲劉裕所滅裕留羊穆之爲刺史夷廣固城而歸穆之乃築東陽城爲青州宋置青州初理歷城後理東陽又移理

臨淄後併冀州琅邪皆沒于元魏魏置青州及北徐州高齊因之宇文周幷齊置齊郡樂安北海改北徐爲沂州隋竝廢之大業初復爲北海高密琅邪三郡之地唐武德二年置青州總管府領州八此爲青密沂三州屬河南道七年改爲都督府天寶元年罷都督府改爲北海郡乾元元年復爲青州置平盧淄青節度石晉開運初爲防禦州天福十二年復爲平盧節度宋爲青密濰沂四州屬京東東路淳化五年改青州爲鎮海軍（按會要太宗命曹彬爲青州節度使中書奏云唐乾元中侯希逸爲平盧節度本平州之地屢爲賊所迫希逸率將士破賊又爲奚虜所侵乃拔其軍二萬餘人且戰且行達青州詔就加希逸爲平盧淄青節度使自是迄今淄青節鎮皆帶平盧之名今青州頗爲重地請以鎮海爲額

從之詔曰眷彼營丘控於東夏太公開四履之地小白舉九合之師忠烈猶存風流可尚宜改總戎之號用旌表海之邦青州平盧軍改爲鎮海軍）開寶五年升密州爲安化軍節度元祐三年改安化爲臨海軍政和元年以青州爲齊郡金初爵僞齊後升爲益都府大抵魏晉已前青州總治全齊爲方牧之寄隋唐以降止同列郡故金太常卿范拱中和堂記云漢與田肯陳東秦形勝高祖納之大封同姓逮至有唐分天下爲十道以青隸河南止稱北海郡舉全齊之都會委之庶僚不擇重臣以爲方伯此規畫之失也宋懲唐失升爲帥藩總治八州由是益都復爲重鎮然不升府號尚處濟南東平之下亦未爲得也金于是始建府名立東路總

管以十三州隸焉愚按此說非是漢祖初定天下三齊之地與關中懸隔千里非親子弟勿王懲信布也然封三庶孽分天下半亦足致亂漢初制度未必盡善唐之十道先儒謂達不畔古近不違今其後禍亂猶階藩鎮唐制豈短于宋乎國初沿金制以東齊業李全父子遂致跋扈擇重臣爲方伯豈長策乎今益都以東傳海皆割入寧海般陽南則益以滕嶧東西不數百里南北僅千里焉此亦犬牙之勢也元領散府一州十三縣三十六司候録事司各四癸丑年廢各州録事司候入倚郭縣丁巳年行長山縣廢入高苑縣至元二年割登萊二州八縣入般陽廢行淄州淄川縣入益都縣行泰安州泰安縣入沂水縣蘭陵縣入嶧州三年廢益都散府入本路昌樂縣入北海縣九年割出寧海州及牟平文登二縣延祐三年增置蒙陰縣今領州八録事司一縣二十一隸府者六隸州者十有五○東至卽墨五百七十里西至般陽路一百四十里南至邳州七百八十里北至濱州利津縣二百一十里東南到淮安路海寧州六百四十里東北到海二百一十里西南到濟寧路八百里西北到河間路六百五十里到大都驛程一千三百五十里徑九百里○府城五門周二十里俗稱南陽城北城爲東陽城東西長而南北狹兩城相對抱陽如

偃月因陽以爲隍因其崖以爲壁蓋古者合爲一城或皆羊穆之所築或後人增葺未可知也輿地記曰北齊移益都縣入青州以城北門外爲治所唐通典曰今之青州理在益都縣歐陽公表海亭詩註曰南洋北洋河一在州中一在城外會肇南洋橋記曰東陽城府治之北城也由此推之明是一城古昔全盛之時初無棄地靖康兵燼之餘金人止據北城立府後徙南城遂爲瓦礫之區耳齊記補曰天會中北城頹廢移州治南陽城爲益都府愚按南陽酈道元通爲水名北齊嘗爲龍興寺名其爲城名不知所據天會金太宗之年齊記補謂是章宗時臨淄李餘慶之筆餘慶爵至開國編書如此則女直之文獻可知已或云後人託名以傳未必然也

錄事司○司府城內戸役初本路及沂密二州皆設錄事司濰膠莒滕四州皆設司候司癸丑年竝廢入倚郭縣惟隨路置焉

益都縣 中 ○倚郭本漢侯國武帝封菑川王子胡爲益都侯故城在壽光縣南今縣境乃兩漢廣縣地屬齊郡晉廢廣縣曹嶷築廣固羊穆之築東陽皆其地元魏於壽光益城置益都縣高齊移入青州城北門外爲治所隋之北海郡唐宋之青州竝理此宋以前止爲縣名金因升爲府號仍置縣屬焉國朝因之至元二年廢臨淄臨朐二縣幷顏神鎭之行淄川縣入此

縣後復置臨淄臨朐二縣顏神鎮其設巡檢而來隸焉初以北門外爲治所後移府城

臨淄縣　下　○府北五十里古營丘齊都也晏子曰先君太公築營之丘謂築邑此地漢初齊悼惠王都此後置齊郡後漢魏晉爲齊國青州理此元魏爲齊郡高齊廢入益都縣隋開皇十六年移高陽縣理此改爲臨淄縣屬北海郡唐宋竝屬青州金屬益都府國朝至元二年廢入益都縣十五年復置元和志云縣理即臨淄古城然則唐縣在古城今縣理小城相去僅十里疑亦金亂所徙

臨朐縣　下　○府南四十五里古伯氏駢邑縣北七里有伯氏冢通典云古東陽城一名几城左傳晏弱城東陽者是也漢置臨朐縣屬齊郡以縣東朐山取名晉省入昌國縣隋開皇六年改爲逢山縣大業初改曰臨朐屬北海郡唐宋竝屬青州金屬益都府國朝至元二年廢入益都縣十五年復

高苑縣　下　○府西北百六十里漢初封丙倩爲高宛侯後爲縣屬千乘郡後漢晉屬樂安國高齊改曰長樂隋開皇十八年改曰會城大業初復曰高苑屬齊郡取高宛故城爲名唐宋竝屬淄州宋景德三年以縣置宣化軍熙寧三年軍廢縣復來隸即縣置宣化軍使金亦屬淄州國初屬行淄州至元二年行淄州廢始來隸通典有漢被陽城又爲狄縣地田儋兄弟殺

狄令起此安帝永初二年改狄爲臨濟其後省入高苑故城在縣南

樂安縣 下〇府北九十里漢千乘郡樂安縣元帝封丞相匡衡樂安侯後漢屬樂安國晉屬樂安郡隋省入千乘縣開皇三年移於廣饒城屬青州今縣理也唐武德二年於此置乘州八年廢之縣仍屬青州宋因之金改曰樂安屬益都

壽光縣 下〇府東北七十里應劭曰古斟灌國禹後也（古城在縣東詳見古迹）漢爲壽光縣屬北海郡文帝十八年置菑川國後漢併入北海菑川故城在縣西隋開皇六年於縣北十里博昌故城置壽光縣唐初屬乘州後

屬青州宋因之金屬益都

博興州 下〇府西北百四十里古薄姑地東南有薄姑城與漢博昌城相近十三州記云昌水其勢平博漢置博昌縣屬樂安國高齊省之移樂陵縣理此（寰宇記樂陵故城在縣東十二里）隋開皇十六年復爲博昌屬北海唐屬青州五代唐避李國昌諱改曰博興宋金因之歷代止爲縣國朝升爲州

濰州 下〇府東百三十里春秋戰國皆屬齊秦屬齊郡漢平壽縣及下密桑犢地屬北海郡後漢省桑犢餘屬北海國晉爲濟南郡（輿地記曰晉濟南郡領平壽下密膠東即墨祝阿五縣而以平壽爲郡治考其屬邑乃漢北海平原膠東地非濟南地也）元魏復北海郡高齊

改高陽郡隋開皇十六年置濰州大業末年因賊陷俱廢唐武德二年復置濰州領北海漣水平壽華池成都下密東陽寒亭濰水汶陽膠東營丘華苑昌安都昌城平十七縣後六年唯存北海營丘下密三縣餘竝廢八年州與營丘下密二縣亦廢惟以北海縣屬青州宋建隆三年置北海軍乾德三年升爲濰州政和元年又改爲北海軍金復置濰州屬益都元領縣三昌樂廢領縣二曰北海曰昌邑以北海爲治所

北海縣 下 ○倚郭應劭曰古斟尋國禹後也漢爲平壽縣屬北海郡又有斟縣後漢屬北海國晉以平壽置濟南郡元魏復以爲北海郡高齊改曰高陽隋初罷郡置下密縣於廢郡城開皇十六年於縣置濰州大業末州廢移下密于此置北海縣唐武德二年以縣置濰州八年州廢省下密入北海屬青州宋初屬北海軍後屬濰州金因之國朝至元三年廢昌樂縣入焉按昌樂即漢之營陵縣廢城在縣西元魏時嘗曰營丘非臨淄之營丘也

昌邑縣 下 ○州東七十五里古鄑城左傳莊公元年齊遷紀之鄑城漢志云在都昌西此漢都昌縣屬北海郡高祖六年封朱軫爲都昌侯後漢屬北海國古城在縣南寰宇記曰都昌古城齊頃公封逢丑父食邑漢魏晉爲縣後魏廢今爲昌邑縣又云都昌漢更立昌邑縣魏晉因之按漢志武帝天漢四年更山陽爲昌邑國楊震傳昌邑故城在兗州金鄉縣西北不應在此何

故自相矛盾故倂術因此誤以爲昌邑令王密懷金之地隋曰昌都唐廢入北海縣宋乾德間卽唐安鄕建昌邑縣屬濰州金皇統題名碑云縣邑拒海五十里濰水之下流也韓信傳又曰臺昌漢末孔北海爲黃巾賊管亥所圍太史慈約昭烈救之于此

密州下○府東南二百八十里戰國齊地秦爲琅邪郡漢[illegible]琅邪高密城陽三郡地後漢屬琅邪北海國晉屬城陽郡元魏屬高密永安二年改置膠州隋開皇五年改爲密州大業初州廢復爲高密郡五代漢爲防禦州宋因之開寶五年升安化軍節度元祐三年改臨海軍領縣五金割莒縣置莒州領縣四國朝以

膠西高密二縣置膠州領縣二曰諸城曰安丘以諸城爲治所州理有中外二城外城漢東武城也其中城後魏築以置膠州隋改密州竝理此城

諸城縣下○倚郭左傳莊公二十九年城諸古城在縣西漢爲東武琅邪之郡治後漢屬琅邪國晉屬東莞郡元魏屬高密郡隋開皇三年罷郡屬膠州五年改膠州爲密州縣仍屬焉十八年改東武爲諸城縣大業初復屬高密郡唐屬密州宋金皆因之

安丘縣下○州西百二十里古根牟國漢高初封張說爲安丘侯後置縣有兩安丘一在北海一在琅邪後漢止在北海曰古渠丘今縣鄰北海非琅邪之安丘矣晉屬東莞郡宋屬南平昌元魏屬膠州高齊天保

七年省隋開皇十六年分昌安縣於牟鄉城置牟山縣牟鄉古根牟國也大業二年省昌安改牟山爲安丘縣三年移于漢平昌城唐武德六年移今理乾元二年以安祿山亂改名輔唐五代梁開平二年復爲安丘後唐又名輔唐石晉避諱改曰膠西宋開寶四年復曰安丘金因之竝屬密州

膠州 下 ○府東三百五十里本漢琅邪郡黔陬高密不其縣地後漢屬北海國晉屬城陽元魏置膠州於高密郡隋開皇初改膠州爲密州竝理諸城十六年置膠西縣屬高密郡唐武德六年省膠西入高密以其地爲板橋鎮宋元祐三年復置膠西縣移臨海軍理

此金亦爲膠西縣屬密州國朝至元廿四年以縣置膠州以高密即墨來隸

膠西縣 中 ○倚郭古介葛盧國左傳襄公廿四年齊崔杼伐莒侵介根杜注云黔陬東北計基城號介國漢文帝分齊立膠西國封悼惠子卬爲膠西王都高密此漢黔陬縣地晉屬城陽元魏屬高密後屬平昌郡隋置膠西縣大業初省黔陬入焉唐省入高密以其地爲板橋鎮宋元祐三年復置屬密州又移臨海軍理此金因之大德年間東嶽廟碑云臨海軍治膠西爲東武劇邑蓋控東南海道風颿信宿可至吳楚

高密縣 下 ○州西北五十里禹初封國春秋萊之夷維

邑也（卽漢夷安城）漢文帝十六年置膠西國宣帝本始元年更名高密光武封鄧禹爲高密侯地屬北海宋孝武倂北海後屬高密高齊省之隋復置屬密州大業初罷州復屬高密郡唐武德六年移高密治夷安城亦屬密州宋金因之漢淳于縣本春秋之州國高齊省入高密曹參傳又爲假密濰水所經信參擊龍且地

卽墨縣 下 ○州東北百二十里戰國田單所守城臨墨水故名漢卽墨縣屬膠東國後漢卽墨國屬北海郡晉屬濟南郡高齊省之隋開皇十六年於古不期城東北二十里置今縣屬萊州（古卽墨城在今縣西朱毛城是）唐宋金因之

莒州 下 ○府東南三百二十里本漢琅邪東莞東安地晉改東安爲沂水縣又爲南青州宇文周改曰莒州皆在沂水縣隋大業初廢之唐武德五年置莒州貞觀八年廢以莒縣屬密州沂水屬沂州宋因之金升莒縣爲莒州屬益都府改日照鎭爲縣倂沂水來隸國朝因之又析沂水置蒙陰領縣四曰莒曰沂水曰日照曰蒙陰以莒爲治所

莒縣 下 ○倚郭古莒國地志曰周武王封少昊之裔茲輿於莒始都計（膠州南計斤城）春秋隱二年莒人入向向莒縣也傳三十世至子朱號渠丘公爲楚簡王所滅地

入于齊燕樂毅破齊惟聊莒卽墨三城不下漢莒縣屬城陽國文帝封朱虛侯章爲城陽王都莒光武倂入琅邪魏城陽郡徙治東武莒仍屬焉晉太康十年割莒縣屬東莞惠帝徙東莞郡理莒城南燕桓遵爲徐州刺史鎭莒劉裕北伐遵擧城降元魏亦以莒屬東莞高齊罷東莞郡以莒東莞二縣屬東安隋開皇初屬莒州大業初屬琅邪郡唐武德五年屬莒州貞觀八年屬密州宋因之至金置莒州以縣屬

沂水縣 下 ○本春秋莒魯所爭之鄆邑十三州記曰魯昭公所居爲西鄆在東平莒魯所爭爲東鄆在此杜預亦云城陽姑幕縣南有員亭俗變其字卽鄆也漢

爲東莞縣卽今縣城南燕於此置縣元魏孝文改爲新泰隋開皇四年改曰東安十六年於古蓋城別置東安以此爲沂水縣屬琅邪郡唐宋竝屬沂州金屬莒州國朝至元二年廢行新泰縣入此延祐三年復析置蒙陰 州西北七十里

日照縣 下 ○州東南百五十里海濱十里蓋漢海曲之地宋元祐二年置日照鎭屬密州金升爲縣屬莒州南接淮安贛榆縣界有孤奎石駝山

蒙陰縣 下 ○州西北二百二十里蒙山北二十五里漢屬泰山郡後漢省之晉復置屬琅邪高齊省入新泰縣唐初置屬泰山後亦廢入新泰宋金因之國朝至

元二年廢行新泰縣延祐三年析沂水之新寨鎮置
此縣

沂州 下 ○府南五百里春秋齊魯二國之境秦漢琅邪東海郡地初呂后封劉澤爲琅邪王文帝徙澤王燕以琅邪爲郡領縣五十一後漢復爲國封皇子京爲琅邪王自諸城徙都開陽故城是也晉武咸寧三年改封東莞王伷王琅邪薨子覲嗣薨子睿嗣是爲東晉元帝卽位于江東於琅邪郡城東北置發干戍以南軍鎮之後爲石勒所陷乃於丹陽江乘縣別立南琅邪郡元魏莊帝置北徐州卽今州理城也宇文周改爲沂州隋改爲琅邪郡大業末爲徐圓朗所據唐

武德四年平圓朗置沂州天寶元年復爲琅邪郡宋金竝爲沂州沂水經其東南淮泗舟楫通焉領縣二曰臨沂曰費以臨沂爲治所

臨沂縣 中 ○倚郭本魯地春秋城中丘在縣東北漢屬東海郡後漢及晉屬琅邪國元魏改屬郯郡高齊省隋開皇十六年置臨沂縣於古郈城在今縣東二十六里大業二年移縣于州理唐屬沂州宋金因之

費縣 下 ○州西北九十里魯季氏之邑漢爲縣屬東海後漢爲國屬泰山晉屬琅邪國自宋至隋竝屬琅邪郡大業末爲賊所破唐武德四年重置屬沂州寰宇記曰漢費縣理祊城元魏太和間自祊城移縣理陽

口山隋開皇三年復移入祊城今縣理是也

嶧州 下 ○府西南七百五十里古鄫國通志曰鄫亦作繒姒姓子爵夏少康封其少子曲烈于鄫傳國至春秋襄公五年莒滅之鄫太子巫仕魯去邑爲曾曾晳曾參其後也古鄫城在州東八十里此漢承縣地也胡氏大紀曰莒女爲鄫夫人取莒公子爲後與黃歇進李園之妹于楚王呂不韋獻邯鄲之姬于秦公子其事雖殊其欲滅人之祀而有其國則一也故書莒滅鄫漢承縣屬東海郡承時證切晉惠帝分東海郡之蘭陵承戚合鄉昌慮五縣置蘭陵郡理承縣隋開皇三年罷郡以承縣屬徐州十六年以縣置鄫州大業二年省鄫州及承縣移蘭陵置於廢鄫州城屬徐州後爲山賊左君衡所破唐武德

四年復置鄫州又改蘭陵爲承縣貞觀六年廢鄫州以縣屬沂州宋因之唐承縣仍理鄫州城至宋移理今縣金改曰蘭陵屬邳州國朝升嶧州初以蘭陵爲倚郭縣至元二年省

滕州 下 ○府西南八百里漢晉蕃音皮鄒二縣地屬魯國唐宋則徐兗二州之縣金始置滕州屬東平府元領縣三至元初割沛縣入濟寧路領縣二曰滕曰鄒以滕爲治所

滕縣 下 ○倚郭古滕國小邾左傳曰郜雍曹滕文之昭也文王子錯叔繡所封三十二世爲齊所滅漢初夏侯嬰爲滕令號滕公因秦縣也後置蕃縣屬魯國至

武帝移置公丘屬沛郡晉廢公丘入蕃還屬魯國又置蕃郡高齊廢之隋以其爲滕舊都故改蕃爲滕縣屬彭城唐屬徐州宋屬鄆州金以縣置滕州

鄒縣下○州北百里古邾國通志云顓頊帝元孫陸終氏第五子晏安賜姓曹封于邾子孫以邾爲姓周武王封晏安之裔邾挾爲附庸自挾至儀父十二世始見春秋儀父附從齊桓定霸有功進爵稱子十四世邾文公遷于繹改稱鄒趙臺卿曰至孟子時改曰鄒矣此說非也按六書故邾鄒同聲之轉也春秋時邾莒用夷故邾謂之邾婁婁有二音合閭音爲邾合樓音爲鄒此本邾國耳後爲楚宣王所滅遷之江夏故

黃州黃岡縣有邾城古鄒國則別見濟南此縣兩漢屬魯國晉廢南平陽入此縣屬魯郡隋因之唐屬兗州宋屬襲慶府金屬東平府

般陽府路○禹貢青州之域萊夷作牧之地周禮職方之幽州春秋戰國之齊秦屬齊郡漢晉則爲濟南樂安東萊郡地元魏高齊爲東清河郡及光州東牟之境隋屬齊郡及淄萊二州大業初淄州併入齊郡萊州爲東萊郡唐武德元年置淄州四年置萊登二州天寶元年廢淄州爲淄川縣改萊州爲東萊郡登州爲東牟郡竝屬河南道宋置淄萊登三州屬京東東路金屬益都國初淄州屬濟南登萊屬益都中統五

年置淄州路登萊二州來隸至元二年改爲淄萊路廿四年改爲般陽府路元領縣六至元初割鄒平屬濟南高苑屬益都二州帶入八縣今領州二領錄事司一縣十二隸府者四隸州者八○東到益都路百四十里西到濟南路二百二十里南到萊蕪縣百六十里北到高苑縣百三十里東北到臨淄縣九十里東南到沂水縣二百五十里西南到泰安州二百六十里西北到青城縣百五十五里到大都驛程千二百一十里

錄事司○沿革與益都路同

淄川縣 中 ○倚郭本漢般陽縣在般水之陽屬濟南郡

後漢屬齊國晉省之宋元嘉五年改貝丘縣於縣置清河郡高齊廢郡以貝丘屬齊州隋開皇十六年以縣置淄州十八年改貝丘爲淄川縣大業初州廢縣屬齊州唐武德元年復置淄州縣屬焉又析置長白縣六年省宋金竝因之

長山縣 中 ○府北六十五里古於陵地[按史記索隱曰孟子云陳仲子兄爲齊卿仲子以爲不義乃適楚居於陵楚王聘以爲相仲子逃去爲人灌園然則於陵又在楚地何也]漢置於陵縣屬濟南郡故城在縣南魏晉因之宋武於此僑立廣川郡改爲武彊縣高齊改廣川爲平原郡隋開皇三年廢平原郡移武彊縣入廢城屬冀州十六年分置淄州縣仍屬焉十八年改武彊爲長山

縣以縣南長白山名大業初廢淄州以縣隸齊州唐武德元年置鄒州縣又屬焉八年鄒州廢仍屬淄州宋金並因之

蒲臺縣 中 ○府東北二百里古有鬲氏國羿弒夏王相其臣靡奔有鬲後與鬲君滅浞立少康漢千乘郡濕沃縣後漢爲鬲侯國屬平原三齊記曰秦始皇東游於臺下縈蒲繫馬今蒲生猶有縈者臺在濱州東去此四十里名曰秦臺隋開皇十六年置蒲臺縣屬渤海唐屬淄州景龍元年屬棣州五代周世宗復屬濱州宋大中祥符五年省入渤海以其地爲蒲臺鎮金復置縣屬濱州國初因之中統五年來隸

新城縣 中 ○府北八十里本長山縣之驛臺鎮國朝戊子年以人民蕃聚置爲縣以田索二鎮隸之

萊州 中 ○府東北五百里禹貢萊夷之地周職方幽州之域史記周武王封太公於營丘萊侯聞之與太公爭營丘則萊爲殷時侯國也春秋時齊侯伐萊萊共公浮柔奔棠晏弱圍棠滅之遷萊于郳（棠在即墨 郳在昌慮）秦屬齊郡漢高四年以韓信虜齊王廣分齊置東萊郡屬青州萊在齊之東垂也初理掖後理黃魏因之晉武太康四年徙遂東王蕤王東萊復理掖至宋改理曲城元魏皇興四年分青州置光州（取界內光水名）仍領東萊郡州與郡同理在掖縣高齊宇文周並因之隋開

皇初罷郡改光州爲萊州大業初復爲東萊郡唐武
德初改爲萊州天寶元年曰東萊郡乾元元年曰萊
州隸河南道宋爲防禦州屬京東東路金升州爲定
海軍節度屬山東東路國初屬益都中統五年來隸
至元廿四年割卽墨縣入膠州領縣四曰掖曰膠水
曰招遠曰萊陽以掖爲治所
掖縣中 ○倚郭古過國平聲寒浞封子豷之地漢志掖侯
國有過鄉春秋類傳亦以有過在掖縣戰國策又云
田單封夜邑卽掖省文未知是否掖水出縣東南寒
同山故以氏爲自漢以來屬東萊唐宋並屬萊州
膠水縣下 ○州南百二里本漢膠東國漢以卽墨置膠
東國古城在縣南後漢省爲縣屬北海國晉屬長廣
郡元魏屬北海郡隋仁壽元年改曰膠水屬萊州唐
宋金並因之
招遠縣下 ○州東北百二十里本掖縣地有羅山金人
初置羅峯鎭後升招遠縣屬萊州西北至海五十里
海道東山河口至朱王海口倉百三十里
萊陽縣下 ○州東北百八十里漢縣屬東萊郡在昌水
之陽故名古城在文登縣西南三十里晉初無此縣
元康八年復立昌陽縣屬長廣郡今理是也高齊天
保七年廢長廣以昌陽屬東萊郡隋開皇三年罷郡
以縣屬萊州唐因之五代唐莊宗避國諱改爲萊陽

宋金因之

登州下○府東北七百五十里北至海三里禹貢嵎夷之地春秋萊子國戰國屬齊秦屬齊郡漢屬東萊郡元魏屬東牟郡高齊屬長廣郡隋開皇初屬牟州大業三年廢唐武德四年復置牟州後因文登縣人不從賊黨遂于縣理置登州貞觀元年牟登二州俱廢如意元年又于牟平縣置登州神龍三年自牟平徙登州于蓬萊鎮析黃縣置蓬萊縣今州理是也天寶元年爲東牟郡乾元元年復爲登州宋因之屬京東東路領縣四金初析牟平文登兩縣置寧海軍以兩水鎮爲福山縣楊疃鎮爲棲霞縣還登州國初屬益

都中統五年來隸領縣四曰蓬萊曰黃曰福山曰棲霞以蓬萊爲治所

蓬萊縣下○倚郭本黃縣地漢武于此望海中蓬萊山因築城以爲名唐貞觀八年于此置蓬萊鎮神龍三年析黃縣置蓬萊縣宋金因之

黃縣下○州西南百三十里古萊子都此故城在縣東南二十五里漢黃縣屬東萊郡高齊天保七年移今理唐初屬牟州神龍三年屬登州宋金因之漢志秦欲伐匈奴使天下飛芻輓粟起於黃腄(直瑞切)琅邪負海之郡腄即文登黃即此縣

福山縣下○州東南二百八十五里本漢腄縣地舊爲

兩水鎮屬登州金僞齊阜昌二年置福山縣屬登州

棲霞縣 下 ○州南百五十四里腄縣地舊爲楊疃鎮亦僞齊所置

寧海州 下 ○禹貢嵎夷周禮幽州域春秋萊國秦齊郡之東腄漢東牟不夜縣地後漢爲牟平侯國並屬東萊郡魏晉止爲縣高齊天統四年分置文登縣屬長廣郡隋開皇三年改長廣爲牟州以文登縣屬萊州大業二年亦廢牟州入萊州唐武德四年又于黃縣東中郎城置牟州文登縣置登州領文登觀音貫陽二縣六年以觀陽屬牟州又置淸陽廓定二縣屬登州貞觀元年二州三縣俱廢入文登如意元年復登州

神龍三年登州徙置蓬萊鎮麟德二年復置牟平屬登州宋因之金初僞齊劉豫以兩縣置寧海軍大定廿二年升爲州屬山東東路國初屬益都至元九年直隷省部領縣二曰牟平曰文登以牟平爲治所○東到海二百六十里西到福山縣七十五里南到乳山海口百六十里北到營島海口十里東北到雙島海口六十里東南到遶島海口百八十里西南到萊陽縣二百四十里西北到淸泉海口六十里到大都二千三百里由海道千九百里

牟平縣 中 ○倚郭古牟子國祝融後漢牟平縣在牟山陽其地坦夷故曰牟平屬東萊郡武帝元朔三年封齊孝王子渫先列切

爲牟平侯傳七世至莽篡國除故城在縣西北百里高齊天保七年自牟故城移黃縣東北改屬長廣郡隋開皇三年改長廣爲牟州縣屬焉大業二年牟州廢縣屬萊州唐武德四年又屬牟州貞觀二年廢入文登麟德二年復置屬登州宋因之金屬寧海州

文登縣下○州東百十五里本漢牟平不夜縣地高齊天統四年分牟平置文登縣屬長廣以地有文山始皇召集文人登之號曰文登隋開皇三年屬萊州唐武德四年于縣置登州貞觀元年廢登州併廢淸陽廓定二縣入此縣神龍三年徙置登州于蓬萊鎮縣仍屬焉宋因之金屬寧海州

濟南路上○禹貢青西兗北之地齊履岱陰無棣之境春秋戰國皆屬齊秦屬齊郡漢爲濟南郡兼千乘平原地文帝又分濟南國封齊悼王子扐侯辟光爲濟南王景帝二年國除後漢復爲濟南國竝屬青州魏建安中分置樂陵郡晉爲濟岷郡及樂陵國輿地記曰晉濟南郡領下密膠東即墨祝阿平壽五縣以平壽爲郡治考其屬邑乃漢北海平原膠東地非齊南地也或云魏平蜀徙其豪將家于濟河北改爲濟岷郡而太康地志無此郡名豈永嘉喪亂簡編散落故失其傳乎寰宇記云永嘉末齊南郡自東平陵移理歷城後爲石勒所據非濟南屬邑當從輿地記改曰濟岷永嘉亂陷沒東晉義熙五年劉裕滅南燕復有其地宋元嘉九年割青州西部於此僑立冀州元魏改爲齊州兼置濟南樂陵二郡隋開皇三年廢郡復爲齊

州十七年又于陽信縣置棣州大業初州廢又改爲齊郡唐武德元年復爲齊州二年置總管府管齊鄒東泰譚淄濟六州四年于厭次置棣州七年改總管爲都督府貞觀元年廢之七年復置督府管齊青淄萊密五州天寶元年齊州改臨淄郡棣州改樂安郡五載臨淄郡改濟南郡乾元元年復爲齊州樂安郡復爲棣州竝屬河南道五代周顯德三年又分棣置濱州宋治平二年升齊州爲興德軍節度政和六年以齊州爲英宗賜履之地升爲濟南府金人初入中原知府劉豫以城叛降立豫爲齊帝改元阜昌兼八州之地都于汴梁以子麟知濟南府八年廢之仍爲

散府按察置司焉國朝置濟南路總管府屬山東東路元領淄陵二州至元二年淄州自爲淄萊路陵州幷臨邑縣入河間路長清縣入泰安州禹城縣入曹州齊河縣入德州以濱棣二州及鄒平縣來隸今領州二錄事司一縣十一隸府者四隸州者七長官司一〇東到般陽路二百二十里西到齊河縣五十里南到泰安州百八十里北到無棣縣三百二十里東南到萊蕪縣二百五十里東北到濱州海口四百七十里西南到長清縣七十里西北到禹城縣百二十里到大都千里

錄事司〇沿革同前

歷城縣中〇倚郭古齊歷下城在歷山之陰史記晉平公伐齊戰于歷下酈食其說齊王廣罷歷下兵守韓信襲破之皆其地自漢爲歷城縣屬濟南郡晉屬濟岷郡劉宋嘗于此僑立冀州隋開皇三年屬齊州大業初屬齊郡唐武德三年屬齊州隋唐州郡並理東平陵後改全節縣元和後省全節入歷城始爲郡治焉宋初屬輿德軍政和六年屬濟南府金因之按述征記歷城到營城三十里自城已東水瀰漫數十里間南則迫山實爲險固逮金亂土人因阻水立邑號曰水寨歸附後始移置今縣

章丘縣上〇府東北百一十里本漢陽丘縣屬濟南郡高齊天保七年以廢禹城縣西有古高唐城移置高唐縣于此即古黃巾城也隋開皇十八年以博州亦有高唐改此爲章丘取縣南章丘爲名爾雅上平曰章丘亦章亥葬女之山名女郎山者唐武德二年屬譚州貞觀元年屬齊州宋景德三年移縣北置清平軍以縣屬焉熙寧三年復移軍使于縣城金廢軍縣屬濟南

鄒平縣上〇府東北百八十里漢濟南郡有鄒縣古鄒侯國有梁鄒後漢以鄒爲鄒平屬濟南國晉省梁鄒入鄒縣屬樂安國永嘉後鄒亦廢高齊天保七年移平原縣置梁鄒城隋開皇三年移入鄒平城十八年復爲

鄒平縣屬淄州大業二年屬齊州唐武德元年於臨濟縣置鄒州以縣屬八年鄒州廢屬譚州貞觀元年譚州廢屬淄州宋因之景德初徙治廣陽城金屬淄州

濟陽縣中○府東北九十里唐景龍元年析高苑置濟陽縣屬淄州元和郡國志云濟水在縣南又南有八會津水陸所湊其路有八故名八會縣廢城在淄州北今縣本漢朝陽唐宋之臨邑章丘地金初劉豫割章丘之標竿鎮及臨邑封圻之半置濟陽縣屬濟南大定六年避金主允濟諱改曰清陽允濟遇弑復舊名○新市鎮舊屬臨邑至元二年併入濟陽撥戶千

二百四十六置長官司管投下差稅直隸濟南路

棣州上○府東北二百四十里禹貢靑兖之交周封齊履之北境秦屬齊郡漢兼平原渤海千乘郡邑魏建安中分爲樂陵郡元魏又析樂陵爲二隋開皇十年以郡置厭次縣屬渤海十七年以陽信縣置棣州大業二年廢棣州自饒安縣徙滄州於陽信唐武德四年析滄州之陽信滴河樂陵厭次置棣州八年又廢入滄州貞觀十七年復于樂陵置棣州其後以樂陵還滄州割淄州之蒲臺來隸徙州治厭次（故城在州東北四十餘里土人名曰北舊城）天寶元年改爲樂安郡屬河南道乾元元年復爲棣州五代梁刺史華溫琪以河水爲患徙

州于厭次東南州東南五十三里土人名曰南舊城宋建隆二年爲團練乾德三年升爲防禦州大中祥符四年清河水溢壞州城以厭次與陽信互易其地徙州治厭次金因之國初濱棣自爲一道中統三年置濱棣路安撫司至元二年隸濟南路領縣四曰厭次曰陽信曰商河曰無棣以厭次爲治所

厭次縣 中 ○倚郭漢高祖初封爰類爲厭次侯至文帝國除明帝永平五年更富平爲厭次縣屬平原郡相傳秦始皇東游厭厭氣次舍于此故名魏晉屬樂陵元魏時徙縣治馬嶺城今陽信縣東馬嶺城是高齊省之隋開皇十三年復置于樂陵屬渤海十七年屬滄州大業初屬渤海郡唐武德四年屬棣州貞觀後徙州治此邑

五代梁徙州東南縣隨之宋大中祥符間與陽信縣互易仍爲州理水經闞駰注曰厭次縣富平侯張安世封邑按本傳昭帝元鳳六年封安世富平侯薨子延壽嗣國在陳留別邑在魏郡租入歲千餘萬延壽自以身無功德何能久堪先人大國上書讓減戶邑天子以爲有讓徙封平原并一國戶邑如故而稅減半然則陳留之富平乃安世始封平原之富平延壽之徙封也漢功臣之世保國長久未有若富平者豈非安世父子謙抑之所致可爲後法也

陽信縣 中 ○州東北四十五里本漢縣屬渤海郡高祖初封呂青爲陽信侯文帝復以封劉揭王莽省之後漢延光元年復置魏晉皆屬樂陵元魏因之至高齊廢隋開皇初復置屬滄州十七年屬棣州大業初又

屬滄州唐武德四年以縣置棣州六年州廢縣屬滄州貞觀十七年還屬棣州宋因之大中祥符間與厭次縣互易其地今因之大統志晉東海王越斬汲桑于此按通鑑苟晞破汲桑桑奔馬牧爲人所殺何用錄此

商河縣中○州西南九十里本漢平原朸音力縣地武帝封城陽王子讓爲侯晉置漯沃縣音他合反隋開皇初於漢朸縣故城置滴河縣取縣南商河漢河隄都尉許商疏鑿後人加水爲滴以爲名也初屬滄州後屬棣州大業初屬渤海唐貞觀元年割屬德州十七年還屬棣州宋因之前此皆稱滴河至宋去偏傍爲商河豈以紹聖間河決壞城大觀修復之後字從改邪然

不可考矣金因之

無棣縣下○齊棣北境漢陽信地陽信故城在縣東南三十里隋開皇六年置縣取縣南無棣溝爲名唐貞觀初省入陽信八年復置屬滄州太和二年屬棣州尋屬滄州五代周顯德五年改爲保順軍宋復爲無棣縣屬滄州金因之國朝割無棣縣半入滄州以縣領三鄉來屬而滄州亦有無棣故此又稱東無棣云

濱州中○府東北三百五十里漢渤海郡地沿革同棣州五代之際置榷鹽務于海濱因立贍國軍周顯德三年始割棣州之渤海蒲臺兩縣置濱州宋因之初省蒲臺入渤海慶歷三年又析置招安縣金復置蒲

臺縣大定十三年于此立鹽使司後又析置利津縣
改招安曰霑化國初濱棣自爲一道中統三年置濱
棣路安撫司中統五年割蒲臺縣入淄州至元二年
隸濟南路領縣三曰渤海曰利津曰霑化以渤海爲
治所
渤海縣中〇倚郭唐垂拱四年析蒲臺置渤海縣天寶
五年以地斥鹵西徙四十里李丘村縣焉周顯德三
年以縣置濱州宋金並因之
利津縣下〇州東六十里本渤海縣之永利鎮金明昌
三年置爲縣
霑化縣下〇州北六十里宋慶歷三年招撫海寇得安
卽其地置招安縣熙寧六年省爲鎮元豐二年復爲

縣金明昌四年改曰霑化取龔遂爲渤海太守海濱
之民復霑聖化立名
德州〇禹貢兗州之域春秋戰國齊之北境秦屬齊郡
漢高祖分齊置平原郡後漢及魏晉以爲宗王封國
元魏復爲郡孝文太和中移郡于安德故城改爲安
德郡隋開皇元年廢郡入冀州九年以郡置德州大
業三年州廢復爲平原郡唐武德四年平竇建德復
置德州又置總管府領博德棣觀四州七年改屬都
督府貞觀二年廢督府割滄州之滳河厭次二縣來
屬十七年二縣還屬棣州以廢觀州之蓨縣安陵來

隸天寶元年改爲平原郡十四年安祿山反平原太守顔真卿據郡討賊（初明皇聞河北郡縣皆從賊歎曰二十四郡曾無一人義士耶及真卿報至大喜曰朕不識顔真卿作何狀乃能如是欽按三代之後天下承平富庶莫如明皇始禍亂毒流後代亦莫如明皇蓋其初政識姚宋晚年識李楊斯二人者天下皆識其心術明皇但識其形狀故能致亂天下至于真卿兄弟巡遠諸賢皆所不識而竭忠許國乃能如是自古識者不賢賢者不識者不忠忠者不信豈特明皇而已哉此禍亂所以相尋也）乾元元年復爲德州屬河北道五代晉天福間移州理長河縣宋復還安德展其城（景德三年刺史江日新展築）亦屬河北金屬山東東路國初屬東平路至元五年直隸省部仍割大名之清平濟南之齊河兩縣來隸領縣五曰安德曰平原曰齊河曰清平曰德平以安德爲治所○東到商河縣百八十里西到陵州七十里南到高唐州百四十里北到吳橋縣七十里到大都八百里東北到寧津縣百里東南到禹城縣百一十里西南到恩州百一十里西北到景州二百里

安德縣　中　○倚郭漢爲縣後漢爲國皆屬平原元魏以縣置安德郡隋開皇初復爲縣屬冀州九年於縣置德州五代石晉徙州理長河以縣爲屬邑宋嘉祐中復爲州理金因之

平原縣　中　○州西南五十里漢平原郡平原縣有篤馬河東北入海五百餘里（今枯河猶存）韓信夜渡平原襲齊歷下軍渡此河也高齊併鄃縣入此（古城在縣西光武封馬武此邑）

元魏置東青州尋廢屬安德郡隋開皇初郡廢屬冀州九年改屬德州唐太和二年屬齊州尋復屬德州宋金因之

齊河縣中○本宋齊南之耿濟鎮漢耿弇討張步自朝陽濟河即此地金劉豫家此鎮僭位後置爲縣屬濟南大定八年始城之國朝至元二年來隸

清平縣中○州東百八十里本漢清河郡之清陽縣隋開皇初徙貝丘縣置此十六年改曰清平屬博州大業二年屬貝州唐武德四年屬博州宋屬大名府舊邑在縣西四十里清平鎮元豊間漯河決壞城徙置博平縣之明靈寨今理是也金因之國朝至元二年來隸

德平縣下○州東八十五里本漢平原郡平昌縣漢文四年封齊悼王子卬爲平昌侯故城在縣西南或云西平昌以琅邪亦有平昌故稱西元魏永熙二年移縣理古城高齊天保七年復移今理隋開皇十三年屬滄州十六年還屬德州唐因之五代唐避諱改曰德平宋熙寧六年省爲鎮元符二年復置屬德州金因之

齊邑外屬

高唐州之高唐縣○本漢平原郡之高唐縣非古齊高唐也杜征南云高唐在祝阿西北古齊邑齊威王使

盼子所治漢書地理志平原郡有高唐則漢縣也今人皆以此爲齊邑故略具同異云

曹州之禹城縣○濟南西五十里古祝國黄帝之後杜征南釋地曰濟南祝阿縣西北有瑗城有高唐城春秋時齊邑漢祝阿縣屬平原郡隋屬齊州唐天寶元年改曰禹城取縣南禹息古城爲名安史之亂義營防遏將軍李銑決河水以限賊縣爲水壞乃北徙八十里移縣置遷善村爲今理故禹城在豐齊之北宋金竝屬濟南國初乙未年屬曹州有阿陽城漢縣也在廢禹城西北隋開皇初此城側得古冢石銘云阿縣令李君墓龍額城亦漢縣在廢禹城東南古高唐城在南五十里瑗城在南百里春秋晉趙鞅伐齊取犂及轅杜云犂一名隰轅即瑗也濟陽城唐縣亦在南百里廢禹城在南八十里

泰安州之長淸縣○濟南西南七十里本盧地齊公子傒食采于盧漢爲縣屬泰山郡元魏孝昌二年自山茌故城移東太原郡置此後廢隋開皇五年置長淸鎮取淸水爲名十四年改爲縣屬濟州唐貞觀十七年屬齊州宋因之至道二年徙治刺榆店今縣理金亦屬濟南國初乙未年屬泰安

東昌路之聊城縣○濟南西三百里齊西鄙之邑水經注云聊城縣東北三十里有故攝城左傳所謂聊攝以東是也戰國時燕將保聊城田單攻之不下魯仲連爲書約之矢射城中燕將見書自殺兩漢屬東郡魏晉屬平原因爲郡治焉隋初屬博州大業中屬武

陽郡唐宋竝屬博州國朝屬東昌路倚郭按漢志千乘郡別有蓼城縣後漢爲蓼侯國注云東北有攝城此古齊聊攝也今人皆以東昌之聊城當之故略具同異云乚茌平縣聊城縣東北七十里左傳哀八年齊取闡杜注云漢東郡茌平縣北有闡鄉茌平至晉末圮于河後魏廢入聊城唐武德初以聊城之興利鎮復置貞觀八年又廢至金劉豫始復屬博州國初撥屬東昌石勒賣爲師讙奴耕田聞鼓鞞之聲縣西南地名牛叢塊相傳是其舊耕之地李陽爭漚麻池今有大李莊陽讙之裔猶存未知是否淳于髡墓在縣西又唐馬周五代葛從周皆有墓土人名曰葛塊

東平路之東阿縣○濟南西百二十里齊之柯邑春秋莊公十三年會齊侯盟于柯曹沫刼盟于此漢爲東阿縣（兩漢有阿陽無東阿記誤）魏封曹植地晉屬濟北國隋屬濟北郡唐初屬濟州天寶十三載屬鄆州金宋竝屬東平（有阿井貢膠井今在闞河之西）○陽穀縣東阿西南百里春秋僖三年齊侯宋公江人黄人會于陽穀隋開皇十六年始置陽穀縣屬濟北郡唐初屬濟州天寶十三載屬鄆州宋開寶六年縣城圮于河太平興國四年徙置上巡鎮金因之國朝屬東平阿井在縣東北金天眷間重修有碑存今復廢縣東北安樂鎮相傳周世宗養疾于此

河間路之臨邑縣○濟南北百里漢臨邑縣屬東郡宋孝武孝建二年立東魏郡理臺城以臨邑縣屬焉隋開皇三年罷郡屬齊州唐初屬譚州後屬齊州宋因之建隆初以河決壞城徙治耿鎮此亦漢濟南著縣平原隰陰縣地隰陰齊桓封公子廖之地漢爲縣古城近在縣西四十里又名犂丘著城在縣東南五十里古相傳地頁神著按師古曰著竹庶反韋昭誤以爲著龜之著失之遠矣後人緣此有頁著之論○齊東縣舊趙巖口金爲齊東鎮見金須知劉豫置夾河巡檢司以瀕大清河故名夾河金亂天兵南下城之壬子年因置齊東縣屬河間路癸丑年割屬濟南至元二年還屬河間縣管鴬戶郭外皆章丘鄒平地屬濟南故附見云

齊乘卷三

餘杭葛昊容齋校

齊乘卷三考證

益都路 路下應旁注上字

唐武德二年置青州總管府。按舊唐書青州總管府

武德四年置

貞觀元年罷都督府

天寶元年罷都督府。按舊唐書及太平寰宇記竝云

石晉開運初爲防禦州天福十二年復爲平盧節度。

按漢主知遠卽位之元年復稱晉天福十二年不當

槩以石晉冠之

府城俗稱南陽城北城爲東陽城兩城相對抱陽如偃月葢古者合爲一城或皆羊穆之所築或後人增葺

未可知也。按水經注陽水又東逕東陽城東南義熙中晉青州刺史羊穆之築此以在陽水之陽卽謂之東陽城世以濁水爲西陽水故也葢濁水與長沙水自西南而東北故亦通稱東西東陽卽南陽不得更以爲南城之號而陽水逕東陽城南則今府城非羊穆之築審矣王闢之澠水燕談曰青州城西南皆山中貫陽水限爲二城王北宋人當時形勢如此則于氏謂古昔全盛之時合爲一城者誤也特南城建置之始已不可考耳

輿地記曰北齊移益都縣入青州以城北門外爲治所

。按寰宇記云北齊天保七年移于郡城之北門外

今縣理也

益都縣

故城在壽光縣南元魏于壽光益城置益都縣○按益都漢封劉胡爲侯國本鄉聚之名非縣也魏始于今壽光北二十里故益都城置縣宋及元魏因之北齊移入東陽城爲青州治與今壽光縣南之益城無涉益漢縣屬北海郡後漢屬樂安國水經注云巨洋水又東北逕益縣故城東又東北積而爲潭西北流逕北益都城益縣當時已廢則稱故城益都見設爲縣則否一南一北敘次明析如此元和志及寰宇記並云魏于今壽光縣南十里益都城置縣或誤以益城當之而所謂魏置者皆指曹氏而言今于氏改爲元魏轉益舛誤又與第四卷王胡城及益城條下自相矛盾矣

樂安縣

元帝封丞相匡衡樂安侯○按漢書衡本傳封僮之樂安鄉屬臨淮郡非千乘屬縣也于氏誤引

晉屬樂安郡○按晉書地理志樂安國統縣八無樂安

隋省入千乘縣○按隋書地理志博昌舊曰樂安開皇十六年改焉新唐書博昌武德八年省樂安平二縣入焉是隋以樂安入博昌縣唐武德初復置尋又省入博昌也蓋隋以前之樂安非卽今縣而今之樂安乃隋唐及宋之千乘縣耳水經注樂安縣故城在

博昌城西北五十里元和志千乘故城在高苑縣北二十五里自隋移千乘縣于廣饒金改爲樂安皆非漢縣矣于氏謂隋省樂安入千乘縣出于臆揣不足信

壽光縣

文帝十八年置菑川國後漢併入北海菑川故城在縣西。按漢菑川國治劇縣故城在今壽光縣南三十里非縣西又按續漢志壽光改屬樂安國于氏不此之敘而但云併菑川入北海疎矣

隋開皇六年于縣北十里博昌故城置壽光縣。十里元和志及寰宇記竝作一里按漢博昌縣故城在今

博興南二十里水經注澠水西逕樂安博昌縣故城南時水東北逕博昌城北是也金史博興縣有博昌鎮即故城所在去壽光頗遠而李志樂記與舊唐書地理志皆謂隋置壽光于博昌縣未詳何代所立按後魏書地形志青州樂陵郡故千乘地劉義隆(宋文帝名)置魏因之領陽信樂陵厭次新樂濕沃五縣陽信下云有千乘城博昌城樂陵下云有薄姑城而樂安郡別有博昌縣宋書州郡志同唯樂陵郡屬冀州爲異(宋無冀州分青州僑置魏則滄州自有樂陵郡故此屬青州)蓋故博昌地既僑立樂陵則樂安郡之博昌其爲移置壽光地無疑晉書樂安國有壽光縣宋書無之故知廢爲博昌至隋而

復置也元和志所謂故城者宋魏之縣耳

博興州

東南有薄姑城與漢博昌城相近。按尚書正義引杜預云樂安博昌縣北有蒲姑城今左傳昭二十年無此注史記正義引括地志云薄姑故城在青州博昌縣東北六十里元和志同于氏于第四卷古蹟亦云在博興東北而郡邑條下又作東南豈以博昌城俗或呼為薄姑因致舛誤與

樂安

漢置博昌縣屬樂安國。前漢屬千乘郡後漢始改為高齊省之移樂陵縣理此。元和郡縣志太平寰宇記並云高齊自今縣東十二里樂陵故城移樂陵縣理此屬樂安郡隋開皇三年罷郡樂陵縣屬青州十六年改為博昌按隋書博昌舊曰樂安唐書亦云樂安隋縣疑高齊廢樂陵移治城西為樂安縣否則隋初所改後復改樂安為博昌也于氏據寰宇記謂樂陵改為博昌與隋志不合樂陵劉宋置元魏因之卽故博昌地非隋志渤海郡之樂陵也

濰州

晉為濟南郡輿地記曰晉濟南以平壽為郡治。晉書地理志濟南郡統平壽下密膠東卽墨祝阿五縣而續漢書郡國志濟南郡十城唯梁鄒東朝陽晉屬樂

安國梁鄒今本作鄒宋書五行志晉太康六年三月樂安梁鄒等八縣隕霜傷桑麥以此知脫一梁字其餘東平陵著於陵臺菅土鼓鄒平歷城等八縣皆不見于晉志顯有遺脫按後魏書地形志北海郡之下密平壽膠東並云晉屬齊郡長廣郡之卽墨云晉屬晉志長廣郡無卽墨疑本屬齊國後改隸長廣也唯太原郡之祝阿云晉屬濟南又濟南郡歷城著平陵並云晉屬土鼓云晉罷宋書州郡志永初郡國濟南有於陵縣永初宋高祖時蓋承晉代之舊太平寰宇記鄒平漢屬濟南郡後漢及晉並不改是未詳有無者獨臺菅二縣耳蓋晉志齊國濟南郡文相次比故傳寫之失誤以齊國平壽等四縣入濟南下而脫去濟南東平陵歷城等縣剩一祝阿後人據此遂謂晉濟南郡治平壽不知晉濟南先治東平陵後治歷城元和志有明文平壽並不屬濟南無論非治也當改曰晉屬齊國

元魏復北海郡。復下當有爲字

唐武德二年復置濰州領北海漣水平壽華池成都下密東陽寒亭濰水汶陽膠東營邱華苑昌安都昌城平十七縣。按唐新舊兩書漣水作連水成都作城都華苑作華宛又寒亭本寒水訾亭二縣各脫去一字混併爲一尤不合十七縣之數

北海縣

大業末州廢移下密于此置北海縣。按隋書改下密

爲北海縣非移置且濰州之廢在大業二年觀元和志末亦當作初

昌邑縣

鄑城漢志云在都昌西○按續漢志劉昭注有此文非漢志

隋曰昌都○按隋書仍作都昌未詳于氏何據

宋乾德間卽唐安鄉建昌邑縣○按宋史地理志昌邑建隆三年置

韓信傳又曰臺昌○按臺昌見師古注非漢書本文

密州

漢爲琅邪高密城陽三郡地○按安邱前漢巳屬北海郡而莒高密膠西三縣元時皆别屬于氏云高密城陽郡地不數北海何也

晉屬城陽郡○按晉志唯東武屬城陽安邱則屬東莞郡

元魏屬高密永安二年改置膠州○按後魏書安邱屬平昌郡東武自屬高密並隷膠州非以高密改置也

諸城縣

晉屬東莞郡○按東武晉屬城陽郡前并安邱入城陽此以諸城隷東莞寸楮之閒牴牾如此此因寰宇記而誤

安邱縣

漢高初封張說爲安邱侯○按漢志琅邪之安邱爲侯

國據水經注則謂所封當在北海功臣表無明文

宋屬南平昌○按宋書安邱屬青州平昌郡别有南平昌屬南徐州乃僑立之郡耳此誤加南字洽寰宇記之謬也

元魏屬膠州○按後魏書膠州領郡三而安邱隸平昌氏言屬膠州非是當云宋魏俱屬平昌郡其唐以後卽州爲郡者乃可言屬某州耳

膠州

本漢琅邪郡黔陬高密不其縣地後漢屬北海國○按漢書唯不其黔陬屬琅邪郡高密自屬高密國後漢高密屬北海國黔陬不期自屬東萊郡文有舛漏

晉屬城陽○按晉書高密黔陬俱屬城陽唯不其屬長

廣郡

高密縣

宋孝武併北海○按宋書晉惠帝分北海立城陽宋孝武併北海今不言分城陽則併字上無所承矣

高齊省之○按隋書後齊廢淳于縣入高密而元和志及寰宇記誤云高齊文宣帝省高密縣于氏因之與下文淳于省入高密之語不相矛盾乎

卽墨縣

後漢卽墨國屬北海郡○當云卽墨侯國屬北海國

晉屬濟南郡○當云晉屬齊國後屬長廣郡

隋于不期城東北二十里置今縣○太平寰宇記作二十七里第四卷不期城下與樂記同此脫一字

莒州

本漢琅邪東莞東安地○按漢書有兩東安一屬東海郡爲侯國寰宇記東安故城在海州西八十三里漢縣後漢省是也一屬城陽國水經注沂水南逕東安縣故城東敘次在東莞縣南是也水經注以此爲侯國誤後漢東莞東安俱隸琅邪前漢唯東莞屬焉

晉改東安爲沂水縣又爲南青州○按晉志東安屬琅邪國東莞屬東莞郡無改縣名之事于氏蓋誤以隋爲晉耳又按晉南青州治廣陵在今江都縣宋南青州治鬱洲在今海州東北後魏太和二十二年始于東安郡置南青州治團城後周改爲莒州于氏不言元魏立南青州而直承晉改爲文亦誤

莒縣

燕樂毅破齊惟聊莒卽墨三城不下○按史記樂毅傳云唯獨莒卽墨未服田單傳云唯獨莒卽墨不下皆謂燕攻齊不下者有二城也至魯仲連傳云燕將守聊城田單攻歲餘不下魯連爲書遺之燕將自殺此乃齊攻燕不下耳寰宇記誤作三城于氏因之失考

沂水縣

南燕于此置縣○寰宇記南燕于此置團城鎮不言置

縣按水經注東莞縣故城東燕錄謂之團城郎謂此也

蒙陰縣

唐初置屬泰山後亦廢入新泰。按唐書無泰山郡武德五年于博城縣置東泰州亦未嘗有蒙陰縣通典沂州新泰下云漢蒙陰縣故城在今縣東南當云高齊省入新泰縣自隋至金皆因之可也

沂州

後漢封子京爲琅邪王自諸城徙都開陽故城。按後漢書光武十王傳京都莒好修宮室國中有城陽景王祠吏人奉祠神數下言宮中多不便利京上書願

徙宮開陽肅宗許之是孝王自莒徙開陽本未嘗都諸城于氏見前漢琅邪郡首東武故有此誤不知前漢郡國下第一縣不必皆治閻百詩釋地餘論據水經注云西漢琅邪郡治琅邪縣也

嶧州

襄公五年莒滅之。當作六年

至宋移理今縣。按金史地理志蘭陵貞祐四年徙治土婁村元嶧州當與金同治云宋移今理恐誤

滕縣

三十二世爲齊所滅。漢書地理志作三十一世

至武帝移置公邱。當删去移字

晉廢公邱入蕃還屬魯國。按晉志蕃公邱俱屬魯郡
無廢入之事魯亦不爲國
又置蕃郡。蕃郡後魏孝昌三年置蒙晉爲文誤
宋屬鄆州。宋滕縣亦屬徐州當改云宋因之
鄒縣
子孫以邾爲姓。姓當作氏
晉廢南平陽入此縣。按晉志高平國晉初分山陽置
其第七縣曰南平陽侯國有漆亭卽左傳襄二十一
年邾庶其以漆閭邱來奔是也于氏謂晉廢入鄒縣
蓋出臆造通典兗州鄒下云漢舊縣地又曰南平陽
縣據此文或省併于隋氏矣

般陽府路 路下應旁注下字
光州東牟之境。當云光州之境則東牟在其中矣
天寶元年廢淄州爲淄川縣。按唐代卽州爲郡其先
止稱州天寶元年改爲郡厥後州郡兼稱故通典云
某州或爲某郡舊唐書云某州改爲某郡也此條當
云改爲淄川郡而誤作廢州爲縣大謬
東到益都路云云。按通典書八到之例四正曰至四
隅曰到此及寧海濟南德州皆謂之到與前益都路
下不合
蒲臺縣
古有蒲氏國漢千乘郡濕沃縣後漢爲蒲侯國屬平原

○按鬲縣故城在今德平縣東一里去蒲臺甚遠而于氏謂後漢以濕沃爲鬲縣蓋續漢志無濕沃故據劉昭注引三齊記鬲城東南有蒲臺也今本脫東字按水經注商河南水謂之長叢溝溝南海側有蒲臺東去海三十里今爲濱州地後漢時中隔厭次濕陰樂陵般縣不當與鬲城接壤而蒲臺縣又在其南四十里豈得爲有鬲氏之國乎伏琛作記或緣鬲爲平原近縣故以表識方向猶言郡之東南境耳又按後魏書厭次有富城即富平之省文酈注敘商河南北二水承東北逕富平縣故城之下亦疑富譌作鬲也

五代周世宗復屬濱州○按濱州周始置當云改屬

萊州

乾元元年曰萊州○曰上當增一復字

膠水縣

晉屬長廣郡○按後魏書膠東晉屬齊國即墨晉屬長廣郡

元魏屬北海郡○按後魏書膠東屬北海然考之隋志乃下密縣地耳即墨魏爲長廣郡治屬下別置長廣縣注云有即墨城皆漢膠東之地後齊廢即墨爲長廣仁壽初改名膠水故隋志謂膠水舊曰長廣也此云魏屬北海沿寰宇記之誤元和志同皆循名而不核實之過不言齊爲長廣縣亦疎

招遠縣

州東北○當作州東

萊陽縣

州東北○當作東南

漢縣○當云漢昌陽縣下文乃有所承

高齊廢長廣○寰宇記云廢長廣郡省去郡字無別于縣矣又按記云高齊天保七年移長廣郡自膠東城入中郎城膠東城卽後魏卽墨縣城中郎城在黃縣東復移長廣縣于膠東城隋志黃縣下云後齊廢東牟郡入長廣郡卽謂此也則爾時長廣郡移置黃縣所廢者治卽墨之郡耳

黃縣

州西南百三十里○按今黃縣至登州六十里寰宇記九域志俱作五十三里唯元和志作九十里此云百三十里恐誤

福山縣

州東南二百八十五里○今福山縣至登州一百三十里

棲霞縣

州南○當云東南

寧海州

後漢爲牟平侯國○按續漢志牟平非侯國侯國乃東牟耳

魏晉止爲縣。按晉志東萊國無牟平縣後魏書云晉

罷

唐武德四年又于黃縣東中郎城置牟州。按後魏東

牟郡卽治中郎城後齊廢東牟郡移長廣郡入焉隋

改爲牟州大業初廢唐初又置皆此城也元和志中郎故城在黃縣東一百步而隋志云開皇十六年分觀陽置牟州觀陽

在今萊陽縣界疑文帝嘗自黃縣移牟州治此寰宇

記顧未之及而特言武德初又于中郎城置則先曾

改移可知矣

二州三縣俱廢入文登。按牟州及觀陽縣未嘗廢入

文登入文登者淸陽廓定二縣耳衍入文登三字

如意元年復登州麟德二年復置牟平屬登州。復登

州當云復置登州又按舊唐書麟德二年分文登置

牟平縣屬萊州如意元年置登州治牟平蓋貞觀初

廢登州及牟平縣故高宗置牟平屬萊州武后乃于

縣置登州也如意後于麟德二十八年而敘次倒置

如此爲不可解

牟平縣

元朔三年。當作四年

故城在縣西北百里。按寰宇記牟平故城在蓬萊縣

東南九十里去寧海州恐不止百里

自牟故城移黃縣東北。牟平故城脫一平字

貞觀二年。當作元年

濟南路

文帝又分濟南國。按文帝分齊郡立濟南國景帝二年爲郡上既云漢爲濟南郡地此乃云又分爲國敘次倒亂

魏建安中分置樂陵郡。衍建安中三字曹魏有樂陵郡見元和志

晉爲濟岷郡。按晉書魏平蜀徙其豪將家于濟河北爲濟岷郡蓋以今濟南北境僑置故宋書云義熙中土斷幷濟南否則濟南歷城東平陵等縣初不在濟河北而宋書亦當云改爲濟南不當言幷矣後人不知晉書濟南郡下有脫誤而猥以不見地志之濟岷

郡當之非也晉濟南不治平壽說見濰州條下

元魏改爲齊州兼置濟南樂陵二郡。衍樂陵二三字魏齊州治歷城領東魏東平原東淸河廣川濟南太原六郡樂陵則別屬滄州也

開皇十七年于陽信置棣州。棣州隋志開皇十六年置元和志作十六年又作十七年未詳

武德四年于厭次置棣州。按唐初棣州亦治陽信

屬山東東路。當云山東東西道

歷城縣

唐武德三年屬齊州。當作元年

隋唐州郡並理東平陵後改全節縣。按漢濟南郡治

東平陵晉永嘉之後即移治歷城（見元和志）宋魏郡（僑置後魏加東字）後魏濟南郡隋齊郡唐齊州皆以歷城爲治于氏謂元和後始治歷城誤矣○又按寰宇記廢全節縣在故東平陵西北十五里是全節非東平陵唐書所謂改平陵爲全節者乃武德初即李滿所據堡置譚州及平陵縣貞觀中更名全節耳此平陵唐初爲譚州治齊州未嘗理此也

章邱縣

上平曰章邱○爾雅本作上正

熙寧三年復移軍使于縣城○宋史作二年

鄒平縣

漢濟南郡有鄒縣有梁鄒後漢以鄒爲鄒平屬濟南國晉省梁鄒入鄒縣屬樂安國○顧氏曰漢書濟南郡之縣十四一曰東平陵二曰鄒平三曰臺四曰梁鄒後漢書濟南國十城一曰東平陵四曰臺七曰梁鄒八曰鄒平後人讀漢書誤從鄒字絕句因以鄒爲一縣平臺爲一縣齊乘遂謂漢濟南郡有鄒縣後漢改爲鄒平又以臺平臺爲二縣（見古蹟）此不得其句讀而妄爲之說也○晉時縣名多沿漢舊按何曾傳曾孫機爲鄒平令是有鄒平矣解系傳父修封梁鄒侯是有梁鄒矣宋書亦言晉太康十六年三月樂安梁鄒等八縣隕霜傷桑麥不知何故晉書地理志于樂安國

下單書一鄒字此史之闕文而齊乘乃云晉省梁鄒入鄒縣夫晉以前此地本無鄒縣而何從入之乎

景德初徙治廣陽城○按廣陽淄齊州無此城名宋史地理志鄒平景德元年移治濟陽廢縣蓋卽元和志云景龍元年于漢梁鄒城置濟陽縣是也寰宇記廢濟陽縣在淄州西北九十四里按水經濟水過梁鄒縣北而濟陽以在濟水北得名恐水有遷改也說見古蹟

棣州

魏建安中○衍建安中三字

隋開皇十年置厭次縣○按隋志十六年置

故城在州東北四十餘里○當作東南

大中祥符四年以厭次與陽信互易其地○宋史作八年

厭次縣

隋開皇十三年復置于樂陵○十三年當作十六年

十七年屬滄州○按厭次開皇十六年置其時應屬棣州大業二年併入滄州州廢始爲渤海郡今于氏謂十三年置屬渤海十七年屬滄州皆臆撰也

水經闞駰注曰○當作水經注闞駰曰此酈氏引十三州志也字句亦與水經注小異

陽信縣

至高齊廢○按隋志後齊廢厭次入無廢陽信之文于氏

殆以陽信與厭次互易而誤

武德六年州廢○新唐書作八年此與舊書合

大統志云云何用錄此○按水經注馬嶺城在河曲之中東海王越斬汲桑于是城此正陽信地後魏嘗爲厭次治且非大一統志之創文也于氏以爲不必錄疎矣

商河縣

晉置漯沃縣○按隋志滴河有後魏濕沃縣後齊廢其爲晉縣與否不能詳也濕俗省作漯水經注引應劭曰千乘縣西北五十里有大河河北有濕沃城是漢濕沃縣在今高苑縣西北七十餘里也

隋開皇初○滴河開皇十六年置初當作中

渤海縣

析蒲臺置○按唐書析蒲臺厭次置

霑化縣

金明昌四年改曰霑化○金史作六年

德州

隋開皇元年廢郡入冀州○按寰宇記當作三年

貞觀二年廢督府○按舊唐書當作元年

金屬山東東路○按金史當作西路

清平縣

州東○當作州西

德平縣

漢文四年封齊悼王子卬爲平昌侯○按水經注濰水逕平昌縣故城東漢文帝封齊悼惠王肥子卬爲侯國則卬所封乃琅邪之平昌也又按漢書卬以平昌侯立爲膠西王膠西今高密亦于東平昌爲近特王子侯表失其郡名耳于氏引入平原誤

隋開皇十三年屬滄州十六年還屬德州○按十三年當作三年隋書開皇三年廢諸郡故屬滄州也又按德州開皇九年始置還屬亦當作改屬

高唐州之高唐縣

漢縣非古齊高唐也○寰宇記古高唐城在禹城縣南五十里禹城西南境與高唐州接壤春秋時齊地西至聊攝則今高唐爲齊履無疑不必以其非古高唐所在而外之也

曹州之禹城縣

濟南西五十里○按今禹城至濟南一百里

泰安州之長清縣

齊公子傒食采于盧○按高傒以王父字爲氏非公子

東昌路之聊城縣

魏晉屬平原因爲郡治焉○後魏書平原郡治聊城縣王城見水經注寰宇記云理畔城非也此蒙魏晉爲文誤

漢志千乘郡別有蓼城縣後漢爲蓼侯國注云東北有

攝城此古齊聊攝也○按漢書地理志曰蓼城都尉治續漢書郡國志曰蓼城侯國注云杜預曰縣東北有攝城今考杜解左傳曰平原聊城縣東北有攝城初未言在蓼城也又按續漢志曰聊城有聶城注云左傳曰聊攝以東是則劉昭因聊蓼字音之近誤引杜解幷志其自相牴牾矣于氏但據劉注而迷其所出復不見續漢書于東郡之聊城本有聶城之文而注已引左傳爲證遂別指蓼城爲古齊聊攝此其疎也蓼城後漢屬樂安國今雖未詳所在要是齊北之地不得以爲西界蓼侯國亦脫一城字

茌平縣

左傳哀八年齊取闡杜注云漢東郡茌平縣北有闡鄉○按杜氏哀八年齊人取讙及闡解曰闡在東平剛縣北今兗州府寧陽縣東北有剛城故縣也應劭所謂闡亭當在其北前漢屬泰山郡後漢屬濟北國晉屬東平國後改曰剛平杜晉人故云東平無追舉漢郡之理而于氏以爲在茌平北且以漢東郡繫之考其致誤之由葢續漢志濟北國五城四曰茌平五曰剛文相連接茌平下云本屬東郡此司馬彪原注本細字升爲大書而剛下則劉昭細字注云左傳哀八年齊取闡杜預曰在縣北有闡鄉刻本或滅去剛字故于氏誤以劉注承茌平本屬東郡而言其實未嘗

儉左傳注也

後魏廢入聊城。按茌平後魏屬平原郡未嘗廢隋志清河郡茌平下云後齊廢非魏也崩于河者碻磝城之西南隅魏茌平自治鼓城見魏收書鼓城寰宇記作布鼓城

貞觀八年又廢。唐書作元年

東平路之東阿縣

兩漢有阿陽無東阿記誤。上云漢爲東阿縣盍于氏引寰宇記文故此言其誤也按東阿兩漢俱屬東郡而前漢平原别有阿陽後漢省廢城在今禹城縣界是阿陽既非東阿且不得云兩漢有矣

河間路之臨邑縣

漢臨邑縣。按漢臨邑故城在今長清縣西南水經濟水又北過臨邑縣東注云水有石門是也京相璠曰盧縣故城西南六十里有故石門寰宇記盧城在長清縣南五十里自宋于今濟南僑置魏郡而後魏書遂有兩臨邑一屬齊州東魏郡卽宋縣僑置者也一屬濟州濟北郡卽漢縣屬東郡者也隋志濟北無臨邑縣唯齊郡有之于是僑立之縣相沿至今而漢縣遂廢

建隆初徙治耿鎮。宋史作孫耿鎮

隰陰縣地。漢書作濕陰杜解左傳後魏書寰宇記皆作隰陰按說文濕水出東郡東武陽入海隰阪下溼也二字本不通用濕陰以在濕水南得名師古音它

合反而諸書或作隰故集韻濕亦音習與隰通非古
義矣○又按杜氏云濟南有隰陰縣是濕陰晉屬濟
南與祝阿皆自平原來隸也可補晉志濟南郡之闕